Selma veut danser

Au sourire de Sophie,
qui danse avec ses auteurs
à Saint-Maur en Poche.
M.

www.flammarion-jeunesse.fr

Éditions Flammarion – 87, quai Panhard-et-Levassor – 75647 Paris Cedex 13
ISBN : 9782081481770 – N° d'édition : L.01EJEN001625.A004
Dépôt légal : mai 2019
Imprimé en Espagne par Liberdúplex – février 2022
Loi n° 49-956 du 16 juillet 1949 sur les publications destinées à la jeunesse

Selma veut danser

Texte de
Magdalena

Illustrations
d'**Emmanuel Ristord**

CASTOR POCHE

Basil
Réda
Samir
Léo
Selma
Alice
Lou
Fatou
Tim
Mia
Noé
Léa
Ana
Téo
Bob
Luc
Notre classe de CE1

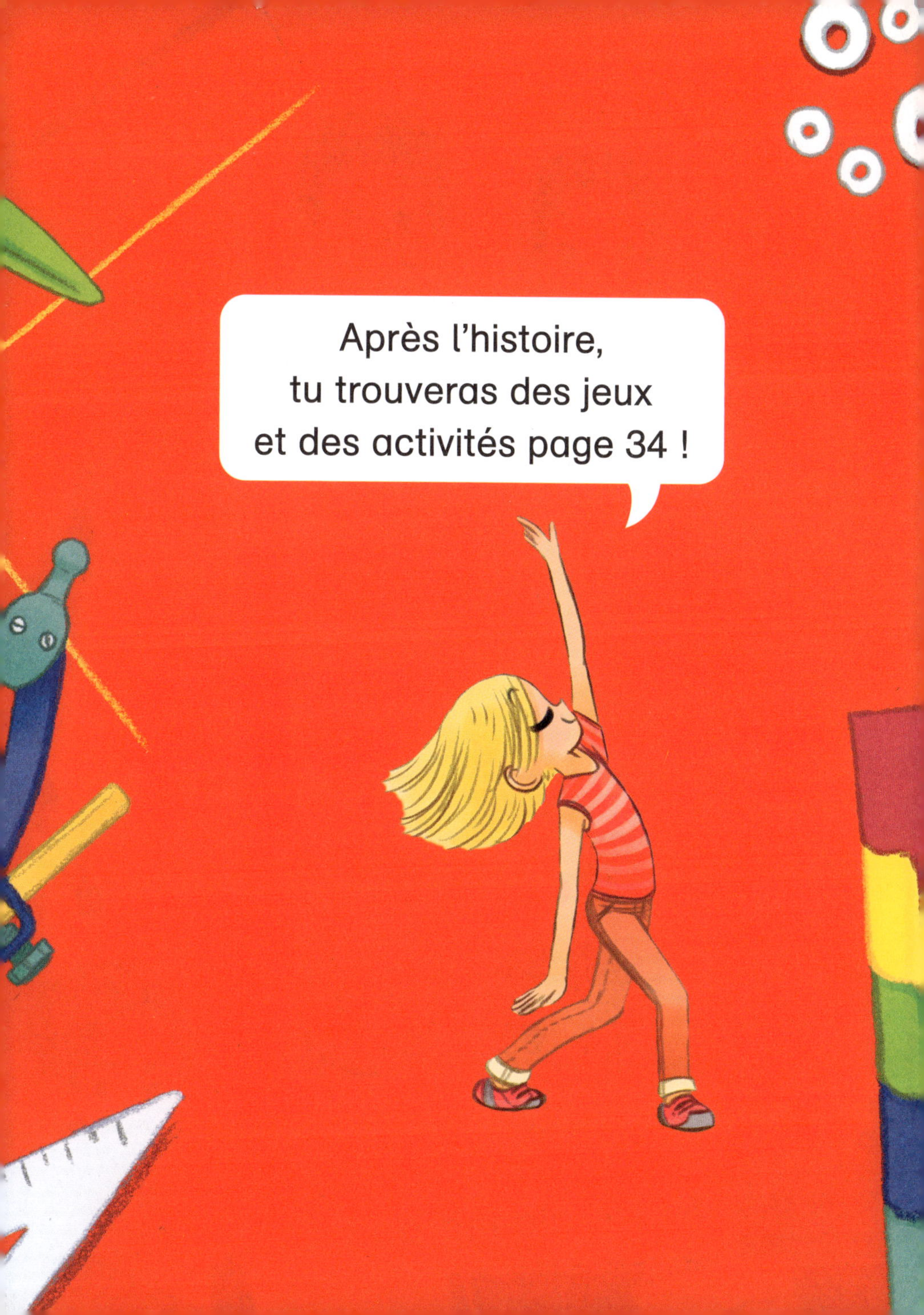
Après l'histoire,
tu trouveras des jeux
et des activités page 34 !

Depuis plusieurs semaines, Selma passe beaucoup de temps dans la salle de bains.

Ce matin, sa maman ouvre discrètement la porte pour vérifier que tout va bien. Selma fait des mouvements devant le miroir, dans la tenue de danse que Léa lui a prêtée.

Sa maman sourit et referme la porte. Puis elle s'écrie :
« Selma, dépêche-toi, c'est l'heure d'aller à l'école ! »

Selma arrive tout essoufflée à l'école.
« Tu as failli être en retard, lui dit Ana en tenant la porte de la classe.
– Je parie que c'est à cause de ta nouvelle manie de danser dans ta salle de bains ! » ajoute Léa.
Selma hoche la tête pour dire oui.
Les trois copines vont s'installer à leur table en gloussant.

« Alors, elle te va, ma tenue ? chuchote Léa. Elle est pas trop pourrie ?
– Non, ça va, elle est juste un peu serrée, répond Selma.
– Normal, c'est celle de l'année dernière », dit Ana.

Selma soulève son tee-shirt : elle porte encore le justaucorps de Léa.
« Tu vas crever de chaud. Pourquoi tu l'as gardé sur toi ? demande Léa.
– Je n'ai pas vu l'heure, dit Selma, du coup je me suis vite habillée par-dessus.
– Allez, au travail les pipelettes ! » les interrompt Maître Luc.

Pendant la récréation,
Léa et Ana montrent à Selma
les mouvements qu'elles ont appris
au cours de modern'jazz.

Selma dit :
« C'est beau, mais j'aime mieux
la danse classique.
– Dommage, on aurait été au même cours,
dit Léa.
– Tes parents sont d'accord pour t'inscrire ?
demande Ana
– Je ne sais pas, j'en ai pas encore parlé ! »
dit Selma.

Le samedi après-midi,
Selma va chez Ana et Léa.

À peine arrivée, elle s'écrie :
« Je vais faire de la danse, moi aussi !
Mes parents ont dit oui !
Je commence mercredi !
– Génial ! disent en chœur Léa et Ana.
– On se verra dans les vestiaires, ajoute Léa.
Le cours de danse classique est juste avant celui de modern'jazz.
– On va t'apprendre les pas chassés !
propose Ana.
– Et les pirouettes ! » ajoute Léa en sautillant.

Selma s'applique à imiter les pas chassés d'Ana et les pirouettes de Léa.

Bientôt, Noé entre dans la chambre de ses sœurs :
« Vous ne pouvez pas baisser la musique ?
– Non ! répondent les filles.
Mais tu peux danser avec nous si tu veux. »

Noé se laisse vite entraîner dans le tourbillon.
Tous les quatre font tellement de pirouettes qu'ils ont la tête qui tourne.
Ils s'écroulent sur le lit en riant.

Mercredi après-midi,
c'est le premier cours de danse pour Selma.
Elle est à la fois excitée et un peu stressée.
Elle a peur de ne pas y arriver.

Dans le vestiaire, Selma a envie de mettre
son tutu, mais une fille lui dit gentiment :
« Le tutu, c'est pour le spectacle.
En cours, la ballerine porte seulement
un collant et un justaucorps. »

« Je suis une ballerine »,
se répète fièrement Selma dans sa tête.

Selma pousse la porte du vestiaire
et se retrouve dans la salle de danse.
Son cœur bat si fort qu'elle croit
que tout le monde l'entend.
Elle se voit dans l'immense miroir
qui couvre le mur.
Elle est impatiente de faire les pas
que Léa et Ana lui ont appris.

« Bonjour à tous,
dit la professeur de danse.
Aujourd'hui, nous accueillons
une nouvelle élève, Selma.
Nous allons nous échauffer
avec des exercices de demi-plié
et de dégagé », ajoute-t-elle.

La professeur montre les mouvements
et les élèves s'entraînent sur la musique.
Selma est très concentrée.
Grâce à la préparation d'Ana et Léa,
elle se sent à l'aise.

La professeur fait le tour de la salle
pour corriger les élèves.

Bientôt, Selma entend une voix
dans son dos :
« Tiens-toi plus droite.
Redresse bien la tête.
Attention, descends tes épaules… »

Soudain, Selma a l'impression
qu'elle ne sait plus rien faire.
Elle est au bord des larmes.

Pendant la courte pause,
une des élèves vient voir Selma.
Elle lui dit en souriant :
« Salut, moi c'est Lola.
Tu sais, faut pas t'en faire, c'est dur au début.
Moi aussi je me disais que j'étais archinulle,
mais maintenant ça va mieux,
je suis juste un peu nulle. »
Et elle éclate de rire.

Selma est soulagée.
Elle rit de bon cœur elle aussi.

Après le cours, Selma et Lola retrouvent Léa et Ana dans les vestiaires.

« Alors ? demandent les filles, curieuses.
– Je crois que je ne serai jamais petit rat de l'Opéra, dit Selma. C'est plus difficile que je ne pensais.
– Déjà, si tu es prise pour le spectacle de fin d'année ce sera bien, dit Ana en faisant un clin d'œil à Léa.
– On peut ne pas être pris ? demande Selma, soudain inquiète.
– Elle blague, dit Lola en riant, tout le monde fait le spectacle. »

Le dimanche, Selma a mis son tutu
pour l'anniversaire de sa grand-mère.
Elle va montrer ses premiers pas de danse.
Toute la famille s'est installée dans le salon
pour la regarder.

À la fin, tous applaudissent
et la grand-mère s'écrie :
« Ma Selma, c'est la meilleure danseuse
du monde ! »
Selma salue, elle est très fière.

Pendant que Selma se change
dans sa chambre, sa grand-mère vient la voir.
« Tu sais Selma, lui dit-elle, à ton âge,
je rêvais de devenir danseuse étoile.
Mais je ne l'ai jamais dit à personne.
– Alors c'est de toi que me vient l'envie
de faire de la danse ! dit Selma.
– On dirait bien », répond sa grand-mère.
Et elle prend Selma par la main pour faire
quelques pas avec elle.

Je joue pour bien comprendre

1 **Trouve les 5 erreurs** dans ce résumé du livre.

Selma veut faire de la danse modern'jazz.
Le samedi, elle a son premier cours.
Dans le vestiaire, elle met son tutu.
Les exercices sont difficiles,
mais sa nouvelle amie Emma la rassure.
Le dimanche, Selma montre
ce qu'elle a appris à sa mère,
qui rêvait de devenir danseuse étoile.

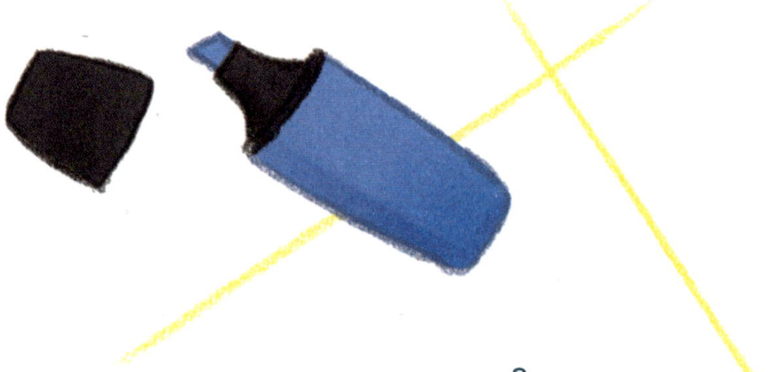

Réponse : modern'jazz = classique ; le samedi = le mercredi ; son tutu = son justaucorps ; Emma = Lola ; sa mère = sa grand-mère.

2 **Choisis** la bonne réponse.

1. Ana fait :
   a. des pas chassés.
   b. des pas pêchés.

2. Léa fait :
   a. des pipelettes.
   b. des pirouettes.

3. Pour danser, Selma met :
   a. un justaucorps.
   b. un jupon.

4. Une danseuse, c'est :
   a. une balançoire.
   b. une ballerine.

Réponse : 1-a ; 2-b ; 3-a ; 4-b.

Je joue avec les sports

1 **Retrouve** le sport qui va avec chaque objet.

1. 

2. 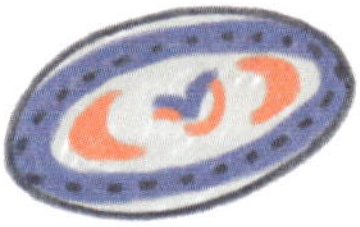

3. 

4. 

5. 

6. 

a. tennis b. foot c. basket

d. natation e. rugby f. cyclisme

Réponse : 1-c ; 2-e ; 3-b ; 4-a ; 5-d ; 6-f.

2 **Complète** chaque phrase avec le mot qui convient.

cages — épée — gants — panier — judo — glace

1. À l'escrime, on utilise une ....
2. Au basket, on lance le ballon dans un ....
3. Sur un terrain de foot, il y a des ....
4. À la patinoire, on fait du patin à ....
5. On pratique le ...... sur un tatami.
6. Un boxeur doit mettre des ....

3 **Et toi ? Raconte…**

Est-ce que tu fais du sport en dehors de l'école ? Qu'est-ce que tu aimes le plus dans ce sport ? Est-ce que c'est difficile ? Est-ce que tu t'es fait de nouveaux amis en pratiquant cette activité ?…

Réponse : 2) 1. épée ; 2. panier ; 3. cages ; 4. glace ; 5. judo ; 6. gants.

Je suis en CE1

Retrouve les histoires de **Je suis en CE1** pour t'accompagner tout au long de l'année dans la maîtrise de la lecture autonome.

Premier jour de classe

À la bibliothèque

La photo de classe

Une dent perdue

Opération jardinage

Allez les champions !

Au poney-club

Tous à vélo !

Billes, toupies et compagnie

T'es plus ma copine !

La gorge qui grattouille

Maître Luc est amoureux

Visite au musée

Téo a une petite sœur

Selma veut danser

Le voyage à Paris

Sortie à la patinoire

Une journée en forêt

Les surprises de Noël

Citoyennes, citoyens !

Quelles histoires
as-tu déjà lues ?
Quelle est ta préférée ?
Lesquelles aimerais-tu lire ?

Découvre aussi

Les maths du CE1
3 titres parus

Je m'amuse
pour bien lire

Les nouveaux
copains

Si tu veux contacter l'auteure,
tu peux aller sur son blog :
www.magdalena-auteur.com